余興漢著

山海盟詩詞

文史哲詩叢

文史哲出版社印行

國家圖書館出改版品預行編目資料

山海盟詩詞 / 余興漢著. --初版. -- 臺北市 :文史哲, 民 90

面 ： 公分. -- (文史哲詩叢 ; 47)

ISBN 957-549-403-1(平裝)

851.486 90021925

文史哲詩叢 ㊼

山海盟詩詞

著　者：余　興　漢

出版者：文　史　哲　出　版　社

http://www.lapen.com.tw

登記證字號：行政院新聞局版臺業字五三三七號

發行人：彭　正　雄

發行所：文　史　哲　出　版　社

印刷者：文　史　哲　出　版　社

臺北市羅斯福路一段七十二巷四號

郵政劃撥帳號：一六一八〇一七五

電話 886-2-23511028・傳真 886-2-23965656

實價新臺幣二二〇元

中華民國九十年十二月初版

序——從詩餘談起

卜寧（無名氏）

去年，全本崑劇「牡丹事」在紐約林肯中心上演，轟動一時。此劇多折，須演多日，碧眼兒肯耐心花好些天觀賞這一中國古典名劇，足證其藝術家及觀衆水平之高，更預證未來中西文化，藝術可能水乳交融，衍生新的世界性藝術。

「牡丹亭」被譽爲古典戲劇中之「紅樓夢」，其細膩的抒情及濃郁的詩意，實受中國古典散文詩詞及元人雜劇所培植、哺育，亦屬源遠流長的中國文化精緻深層所啓發，始能放射萬丈藝術光芒，令西方人士側目。

這一藝術事件不禁啓我偶思中國「詩餘」一詞的藝術。我想，若把杜甫名作「三吏」「三別」譯成英詩，並不難；把李白名詩「蜀道難」或白樂天長詩「長恨歌」英譯也不最難；甚至將李後主的名詞「虞美人」或「相見歡」英譯爲蟹形文，也不絕難。可是，若把南宋詩人王碧山的「眉嫵」或「齊天樂」譯成英文，恐怕相當難了。前者詠「新月」，後者吟「蟬」，盡可逐字按句譯爲英詩，但碧眼兒把讀之下，可能莫測其中高深，下焉者甚至也許不知何所云。

先暫不計較二詞的朦朧宕折、和縹緲澹疏所造成的優美氣氛，其次，也不談它們遺詞造字的精緻，如「漸新痕懸柳」、「依約破初晚」、「乍咽涼柯」、「瑤珮流空」等等，單是它們表現的漢字特有的情韻、節奏、音樂性，實在就不是拼音的英文字所恰當的忠實迻譯，而譯文尚能再呈現原詞的多種美態。隨便舉例，以「眉嫵」言，開篇前五句是「漸新痕懸柳，澹彩穿花，依約破初暝。便有團圓意。深深拜，相逢誰在香徑。」前三句字音較輕後三句字音較重，由輕而重，加上是協「眉嫵」一詞音律而成，平仄及四聲和諧，一氣唸來，確有一種情韻美、節奏美、音樂美，如英譯爲詩，確實難能再顯這些美。

碧山雖屬宋末失節文人，曾事元朝，但其詞仍受後世推崇。清陳廷焯「白雨齋詞話」謂「王碧山詞品最高，味最厚，意境最深，力量最重，……詩中之曹子建，杜子美也。」也有人不全同意此種評價，認爲清代文人在異族高壓統治下，所作不敢劍拔弩張，這才肯定周濟論點，云：「碧山胸次恬淡，……無劍拔弩張習氣。」這些相異觀點，我們不必仲裁，我們所著重的，只是碧山上述兩詞確能輻射古典詞的藝術的獨特優美處耳。

此文所以從「牡丹亭」談到古典詞，源於兩個契機。一是台灣有的著名現代詩人近年渴望回歸傳統。名詩人亞弦這幾年就提出下面論調。他說：「今天，那種一面倒，向西戶學習的階段已經結束，已經到了終點，而終點正是我們回歸中國的起點。」他又說：「唯有植根在舊有廣袤的泥土裡，吸收傳統的精華，再對現階段有所自覺與體認，才有可能創造出新而現代的作品。」他這類反思，其他幾位當代名詩人也有同感。

中華文學傳統的豐富藝術，散佈在各種文類。上面單以古典詞舉例，其情韻、節奏感、音樂美、象徵性、暗示性、遣詞用字之精緻、指事狀物之細膩入微，等等……，全可啓發中國現代詩家拓殖更廣袤、更典雅、更深沉的境界。

另一契機，是由於拜讀了友人余興漢先生的兩本詩詞。一本是「夢雲詩詞」，數年前問世，承贈一冊。近偶又翻閱，覺其中諷刺詩有妙句，如「反毛竟是老婆娘，亡共功推鄧小平。」等。集中愛國詩詞及抒情篇章甚多，不免使我聯想起中國古典詩詞藝術之美妙。近年淡江大學開國際比較文學會議，解構學大師米勒發表演說，謂現在美國許多大學已開「世界文學」一科，他建議首先應藉翻譯本閱讀或教授「紅樓夢」，我猜想他不只認爲它是經典小說，亦覺其中許多詩詞很是美麗。他又提到大前年紐約出版的「中國文學選」，長達一千二百頁，輯譯中國上古至一九一一年的各類中國古典文學名作，當然也包括詩詞佳篇。這樣看來，中國古代詩詞的優美，已受西方廣泛重視，碧眼兒欣賞中國古典文學，雖說並不自今日始。抗戰期中，牛津大學畢業的漢學家馬彬和氏，曾任蔣公英文秘書，蔣的許多國際性的談話、演說，全由他英譯。我曾在重慶訪問他，他就盛讚中國文字之美，他簡直成了中國迷。

最近我又收到余先生即將出版的「山海盟詩詞」原稿。此集以新詩居多，其次是詞，古典詩較少。先談他的詞，與「夢雲詩詞」相較，他的詩詞風格大致相同，多屬抒情。但他的抒情不只屬於男女情，更涵親友情，家國情。例如，他寫減字木蘭花—「哭白曉燕新詞四闋」，即顯深厚人間情、社會情，我相當歡喜。茲舉第一闋如下：

「狼群乍現，曉燕爲何忽不見，斷指驚魂，慘絕人寰不忍聞。問天無語，今夜燕歸何處去，忽報浮屍，萬戶千家斷腸時。」

此詞指事、遣情、結構俱佳，具見輿漢先生的古典詩詞的工力。而爲一素不相識的女學生悲劇綴此四闋，竟使俠骨柔腸寸寸斷，讀來令人酸鼻，足證作者實具一顆耶穌博愛普世的心靈。

中國傳統詞人擅長抒情者，首推李後主，他亡了一個國家，以一片大好江山換得十數首不朽詞篇，可謂所得足償失。繼起者則有清代貴公子大詞人納蘭容若，其悼亡詞令人不忍卒讀。王國維「人間詞話」云：「納蘭容若以自然之眼觀物，以自然之舌言情，此由初入中原，未染漢人風氣，故能眞切如此，北宋以來，一人而已。」可謂卓論。次於容若，亦長抒情者，爲丹徒莊棫。「白雨齋詞話」極讚崇他，唯稍嫌過當。其詞世人少見，不妨舉一闋如下：「蝶戀花──「百丈游絲牽別院，行到門前忽見韋郎面。欲待回身釵乍顫。近前卻喜無人見。握手匆匆難久戀，還怕人知，但弄團團扇。強得分開心暗戰。歸時莫把朱顏變。」陳廷焯評此類詞雖涉兒女，卻云「難得其忠厚和平。」我個人淺見，與漢先生有的抒情詞，多少接近莊詞，其特點是「忠厚和平」，正如其平生為人處世。

此集以新詩為主，唯工力似稍遜古典詩詞，大約自少及長，多年浸淫古籍，順理成章，筆墨游泳於舊詩詞中，乃如魚得水。新詩略遜舊詩詞，余先生非第一人。魯迅舊詩即遠比新詩好。這之中，尚有一個現象，即提倡新詩的文壇宗師如胡適、魯迅、周作人，以及俞平伯、劉大白等早期白話詩人，其詩作不少受舊詩詞影響。那怕後來名家徐志摩、聞一多的作品中，也多少可嗅出其中舊詩詞的香味，只是被西方詩的氣氛所掩蓋而已。余先生既工古典詩詞，新詩不免受了些影響，這與當代一些現代化的名詩人的現代詩風格，便有些距離。不過，我個人倒有個想法，吟詩賦詞應是陶情養性、流露個人靈性音籟的一種典雅表現，甚至是錘鍊崇高人品的脫俗行徑，不可能希望每個人全是杜甫、李白、辛稼。目前有著名副刊如「全民寫詩」，應是此意。從前胡適提倡人人應寫傳記，亦類似此意，雖尚蓄廣集社會史料的涵義。

《山海盟詩詞》的許多新詩，都澤瀉作者愛國愛民的襟懷，憂時憂世的熱腸，顯示出深透關懷民間疾苦的赤子之心。而若干情詩也出自火赤的肺腑，不能不令人敬重。作者既具一片忠肝義膽，也有一片皎潔的純情。我們不能只斤斤計較字裡行間的藝術工拙，更要重視詩後面所隱藏的一顆充溢博愛的心。即使一定要搜求佳作，其實並不缺乏，像全集第一首「山盟海誓」，就是內涵深遂的可喜之作，只是表現手法相當樸素而已。

山海盟詩詞　目錄

新詩

古典詩詞

附錄

新詩

山盟海誓

山是哲學家
而海呢
是一位浪漫而純眞的姑娘

從古到今
從早到晚
她總是以滿腔的柔情
與無限的深意
以浪花拍打岩石
譜成心曲
對著山
傾訴不完的情話

而山呢
只是沉思
一句話也不回答
甚至
連點點頭
都怕難爲情呢

就這樣　他們倆
一個是情話綿綿
一個是默默無言
長相廝守
直到永恆

窗

冰凍的季節　我問你
春在何方
你輕捲帷簾　告訴我
梅花將放

闇暗底長夜　我問你
幾時天亮
你霎霎眼睛　爲我
迎接朝陽

你有時將宇宙隔成兩個世界
讓夜雨在芭蕉葉上
彈奏相思底哀曲

讓詩人在燈畔
吟哦不朽底詩章

當人們沉睡於夢幻之鄉
你啓示人們以新底希望
光明必勝黑暗
邪惡不會久長

當姑息底氣氛籠罩大地
我爲你大聲吶喊
和平不憑假象
低盪無異投降

啊　只要我與你同在
我必對著你歌唱
喚醒東方
喚醒西方

眼睛底故事

記不清是甚麼時候甚麼場合
那眼睛曾以柔和的靈光瞧我
它引導我走進上帝的天堂
又爲我啓開了春底寶盒

漸漸地　我底眼睛裡
有了她底酒窩　她底酒窩裡
有了我底理想　宇宙屬於我倆
我倆是碧湖裡的一對天鵝

晴空裡砰然響了一聲雷
山和海底誓言全被劃破
迷途底羔羊倆倆被分散

這世界變了一片荒漠

從此　我底心搖挩著像落葉
秋風乃猛襲我生命的全部
那可愛的柔和底眼睛也糢糊了
糢糊得沒有了淚水　不再傷心

贈別馮馮

蘭陽底六月天　像一顆少女的心
你文壇的彗星光臨在我們底的心上
你底光輝的生命　是一首史詩
啓示於我們的　何止「水牛車的故事」

沒有離愁　沒有別恨
因爲年青底心繫住了年青底手
宇宙是我們的　眞理是我們的
如你所說　「我們是創造追尋的一代」

牛之歌

——紀念一位埋頭苦幹的伙伴

人家總以爲牛最愚笨
其實它比誰都要聰明
它不問秋來有無收穫
成天地流著汗去耕耘

人家都說牛不解風情
其實它比誰都更熱忱
看那茫茫底一片荒土
仗它的勤勞禾黍長青

疲勞時它小憩於樹蔭下
農家的少女爲它送糧來
它雖不懂得甚麼叫做愛
把生命獻給她總覺應該

我在澎湖

撕下的日曆像辭枝的黃葉
一片片在我底心頭搖落
搖落了我的青春
也搖落了我的愛情

我的愛情是一條赤練蛇
她摟住我緊緊地纏綿不捨
就這樣　我對故國的懷戀
化成一團火　燃燒起來了

幾時呀
且讓我揚帆遠航
向彼岸——
向母親之港

爽約

月姊兒曾在黃昏時約我
我披著晚霞偷偷去赴約
誰知她啊竟往雲裡躲藏
害得我昨夜又空等一場

明知是她故意避而不見
我依然苦苦地耐心守候
從黃昏直到那夜底盡頭
一到天亮她又悄悄溜走

我捧著寂寞與惆悵底心
把衷情訴與了天上繁星
並祈求星星爲我倆作證
要它說分明誰是負心人

阿里山觀日出

天空掩不住一往情深底璀燦
大地煥發出滿懷喜悅的純情
人們虔敬地期盼一輪旭日
自心頭冉冉上昇

昇起了　昇起了
彷彿儀態萬千的新娘
所有的人都驚艷於
這夢幻似的景像
所有的山峰
都沐浴在金色的海洋中
所有的雲和樹
都裝飾成瑰麗的瓊樓玉宮

此刻　我爲這周遭的一切所震懾
甚麼話也沒說
而默默諦視著眼前的這畫面
心中充滿了平和喜悅

雄雞

感謝上帝
賜予我一張名嘴

我不鳴則已
只要喔喔一聲啼
太陽會東昇
月亮會西沉
黑暗會消逝
光明會來臨
人們會從夢裡甦醒

所以我
平生不敢輕言語

不到五更
決不輕啼

揚子江之戀

從前你那江畔的春風
撫吻過我綺麗底童年
如今我這還鄉的憧景
縈掛在你兩岸底平原

× × ×

從前你把澎湃的熱情
陶鑄我底青春的壯志
如今我以忠貞的信念
燃起民族復興底怒火

× × ×

最難忘黃鶴樓前燈火
最難忘龜山蛇山氣象
別離時到處草長鶯飛

此際竟變成一片荒蕪

×××

我不能師太上之無情
是因爲你我曾經愛過
正因爲你我曾經愛過
我爲你受盡多少奔波

×××

願雲彩爲我捎個訊息
告訴你我們會回來的
請看千萬人乘風破浪
那舉旗擂鼓的就是我

中國魂

你以胸膛
阻擋鐵甲
阻擋那與十億中國人爲仇的坦克車
進入天安門
你的無畏的精神
築成了一道屬於中國人的
民主自由的長城
雖然
獨裁者的迷夢
並未因你而驚醒
但你敲響了
納粹法西斯的喪鐘
喚醒了

我們民族的靈魂

（新十四行）

——爲紀念王維林烈士而作

海峽

只要有海
便有風
便有浪
便有希望
因爲
風浪是會平息的
而希望
會成爲理想
成爲海峽兩岸
同一願望

歌手

我曾拖著沉重而疲倦底步伐
旅行在無垠的荒漠迷了方向
在一棵僅有底綠蔭樹下小憩
妳化作樹上的黃鶯爲我歌唱

我像一員常勝將軍打了敗仗
在多變的人生旅途飽受創傷
惟妳底歌聲長在我心深洋溢
我變得比從前更勇邁而豪放

如今國破家亡我們浪走天涯
妳底歌聲化爲我底理想開花
祖國的河山要我們來重整啊

爲正義與眞理妳我同聲唱吧

在妳歌聲起處我們民心激昂
十萬萬人底手捉住一個希望
長江與黃河底奔濤齊怒吼啊
是民族復興底喜砲震天價響

爲了被綑綁底鄉村解除桎梏
爲了被奴役的城市重獲自由
更爲了心頭底恥辱尚未湔洗
我底熱血像海潮般澎湃奔流
我底血啊要洒向哭泣的平原
灑濺在那繫我童年底泥土上
斑斑血跡是妳線譜上底音符
請妳呀永遠爲我底生命歌唱

妳清脆洪亮底歌聲永不朽啊

千萬張嘴千萬喉嚨爲妳共鳴
看英勇的長戈向那北方掃蕩
是妳底歌聲震憾世界的時候

擁有

擁有妳　我們
便擁有
幸福
甜美

擁有妳　我們便擁有
快樂
歡喜

擁有妳　我們
便擁有
安和樂利
均富繁榮

啊　親愛的祖國
如果沒有妳
我耽心
世界會瘋狂
天會老
地會荒
但是　我
怎能設想

長夜

自從拉下了夜的序幕
星星被禁錮
月亮也躲藏
黑暗吞噬了一切
夜　開始瘋狂

在瘋狂中
時間　是一場空白
空間　是一片蒼茫
自然界的一切
都睡著了
我們呢
只能在夢中
懷念太陽
但沒有人敢問
太陽在那裡
事實是
也無人知道
太陽在何方
人們知道的
想說
而又不敢說出來的是
夜　爲甚麼這樣長

燈塔

不以霓虹底色彩蠱惑年青底靈魂
但把慈祥的光輝指點趕夜路的人
當黑暗的時代你是迷途者的眼睛
在自由的海上你象徵前程的遠景

爲了給日落後的天空留一線希望
你耐心地守著夜直到金色底黎明
爲了從苦難中將沉默的大地喚醒
你忘記自己的寂寞照亮人們底心
你英勇地挺立於人生的十字路口
啓示人們　「不疲乏的意志是勝利的」
於是所有人底熱血澎湃起來了
藉著你燃起自由之火向撤旦進軍

贈別

三月裡的澎澎
是一支少女的戀歌
凡是聽過她底歌聲的人
都會忘了自我

我就是來聽歌的人
於是　我把拾來的貝殼
串成項珠　掛滿她胸前
又抹一抹流霞
透起酒渦　塗在她臉上

然後　低聲的問　親愛的
當我們分手後
會不會再想我

夢亦詩

有一首小詩
在我的心版上
只短短幾行
卻是我生命的全部

每一入夢
便出現那首小詩
詩中有她底音容　笑靨
以及　往日底溫情
夢醒　遂失落了自己

我已無心
尋找失落的自己

因爲我不知道
自己在那裡

在那裡
是否走進妳的夢中
還是在那首小詩裡

四十年的別離
如果是一場夢
爲什麼夢已醒
見不到小詩的蹤影

我不能相信

昨夜
所有的窗
都有風在說話
切切亂語
不停　不歇
說些什麼
我不明白

於是
我竟夕失眠
「在每一分鐘的時光中」
我彷彿看到
天荒了

地老了

所有的鳥
都啼血
所有的樹
都搖首　唏噓
所有的山水花草
都噙著淚
我不能相信
我不能相信
不相信
這會是是眞的
假如是眞的
怎可想像

「贛江的水永遠在流」
「永遠與自然同在」

流不走的是
以　您爲中心的
人間的懷念　你是
十萬萬同胞心中的中流砥柱

閃鑠　閃鑠
一顆宸星從天隕落
我知道
隕落是　您的形骸
您的音容
您的笑貌
您的精神　已化成
一朵紅雲
冉冉上昇　化成
一團新氣象
冉冉上升
在我們心上

註：括弧內的文字，是　經國先生文學創作的篇名，因集句入詩，敬致哀思。

追悼張副校長

天蒼蒼　夜茫茫
蘭陽底風光雖然依舊
我看到的是
一片愁雲慘霧

八月底風　未曾搖落一片黃葉
奈何我昨夜夢見子規啼血
啊　死神帶走了一切
你像一顆辰星自天隕墮

若說宇宙是無情的機械
爲何夢中卻見你音容宛在
若說人間是有情的樂園

爲何你此去不復還

你底生命是不朽的
因爲你爲了「遷校」忘卻自己 （註）
我洒淚向秋風遙送
願你底靈魂永承上帝愛寵

註：張副校長因戡察通校新址撞車罹難

給我的錶

你似曾啓示我
　時光乃無價之寶
當我靜聽你底訴說
　水一樣的年華
悄悄地消逝了

　於是啊　我有感於
「大禹惜寸陰　陶侃惜分陰」
　對你乃愛惜如生命
爲的是想永駐我底青春
怎奈你無晝無夜向前奔
　匆匆復匆匆一息不留停

爲甚麼不肯等一等我呢
　你百代的過客啊　太無情
　啊　我明白了
你是要我以有限底生命
　來充實宇宙無窮底生命吧
那麼　讓我戰死在祖國的沙場
　讓屍骸化爲燐火　燃起民族復興底
火炬　將光輝照耀到永恆

迎青年節

啊　你來了
你搖著銀色底翅膀來了
乘著維納斯底座車來了
你來了　荒漠裡有銀鈴底聲響
你來了　教堂頂有白鴿在飛翔
啊　歡迎你　青年節
你是眞善美的象徵

來呀　揮動著長刀　大纛
來呀　擁抱著主義　眞理
祖國的土地在哭泣
你來了　憂傷化爲歡笑
長江　黃河在嗚咽

你來了　悲憤變成力量——
啊　青年節　歡迎你
你是愛　笑　熱　力底別名

用不著人們爲你豎銅像
也不希罕詩人們底讚美
頌揚

在你底年青的生命裡
有的是沸騰的熱血
有的是鋼鐵的臂膀
將苦難一肩挑呀
將自由的火把
傳向白雲底下的故鄉

蹊蹺

五二〇事件的秘密

爲甚麼
爲甚麼
明明是風和日麗
一霎眼
竟雨暴　風狂
爲甚麼
爲甚麼
個個都溫文爾雅
一霎眼
便病狂　心喪
爲甚麼
五千年的

溫良恭儉讓
一轉眼
便換成了
打殺鬥砸罵
爲甚麼
四海皆兄弟
炎黃本一家
咬破嘴唇的
偏是自己的門牙

爲甚麼
爲甚麼
騎在農民頭上的少數人
總是
大搖
大擺
自說自話

眞把天下人
都當傻瓜

爲甚麼
爲甚麼
大白菜
高麗菜
蓋住的
木棍
石塊
鐵條的秘密
沒有人知道呀

爲甚麼
爲甚麼
明明是爲農民爭權益的
甚麼「會」

甚麼「聯盟」
一轉眼
竟成了　十八世紀
送農民上斷頭台的
法蘭西式的機械呀

爲甚麼
爲甚麼
少數的「名流」「學者」
也會睜著眼
說瞎話
說甚麼流血暴動的責任
不在暴力　不在盲動
不在導演暴力的綠色遮羞布
而在維持秩序的警察

爲甚麼

爲甚麼
帶農民上街的
替農民講話的
誠心誠意
如假包換
確實爲農民「謀福利」
「爭權益」的先生們
幾番風雨
竟成了
愚弄農民
出賣農民的
一小撮聰明人
聰明人
眞聰明
他們擅演最聰明的講
替自己臉上貼金
叫農民爲他頂罪

他們擅長發表最聰明的「聲明」
能把自己闖下的大禍
而將責任歸給別人
因此
戴斗笠的
穿簑衣的
憨哈哈的
純良樸實的
竟跟著
西裝革履的
擁有博士頭銜的
演講舌燦蓮花的
開會搶麥克風的
目中無人的
不可一世的
而且滿腦子「自力救濟」
滿口「三字經」的先生們

一道走
走向街頭　啊　原來
這就是五二〇的秘密
這秘密是一盞紅燈
是安和樂利的紅燈
也是民主自由的紅燈
更是二千一百萬台灣同胞
生死禍福的紅燈
這紅燈有一個無人能解的奇怪名字
叫做蹊蹺

露珠

——詩底噴泉之一

妳是宇宙底多情的種子吧
用愛液哺育著：夜底春天
未放的花苞兒是妳底眼睛
昨夜妳想過誰留下了淚痕

彩霞

——詩底噴泉之二——

女皇也不曾穿過你那樣華貴的衣裳
你來自誰家的宮院去向上帝的天堂
在早晨你象徵著人們底希望與理想

在黃昏你出現在海上像舞罷的姑娘

閃電

——詩底噴泉之三——

你曾在那風雨交加底黑夜
機警而又敏慧地向我一閃
我相信你一如相信我自己
因爲光明永遠與我們同在

夜景

——詩底噴泉之四

月色吻著海水逗出迷人的笑窩
大地像少女底心，嫻靜而端莊

城市啊開始向庸俗的繁囂告別
夜　孕育著孕育著明天的希望

雲霧

——詩底噴泉之五

河流挽著小橋底腰肢散步
夕陽爲兩岸垂楊塗上口紅
藍天摟住青山做了一個夢
我沉迷於自然底愛的雲霧

蘋果

——詩底噴泉之六

你那圓圓的甜笑的白嫩帶紅的

我看到的是那年輕人兒底臉龐
經年底飄泊換來了兩地的惆悵
你可知道白雲底下有我的故鄉

旭日

——詩底噴泉之七

可愛的　妳是誰家底新嫁娘
滿懷少女底純貞漫步在海上
妳把熱情孕育著宇宙底生命
啓示人類　愛就是生命底榮光

雄雞

——詩底噴泉之八

當大地拉下了那夜底序幕
黑暗吞噬著一切的時候
你鼓起了喉嚨一聲聲叫喚
驚醒著驚醒著宇宙底夢幻

春

她眞年輕
充滿了活力
洋溢著
歡樂
喜悅

走起路來
婷婷嫋嫋
婀娜多姿

說起話來
聲柔語軟
如燕子在樑

如黃鶯在樹
只有一件事
不近人情
她來了
說走就走
任杜鵑啼血
也留她不住

夏

她眞熱情
熱情時
教人難消受

她來時
我只想泅入水中
像魚那樣　載浮載沉

爲的是想
躲開她的
追尋

秋

她是憂鬱的
卻是高潔的
也是爽朗的

憂鬱是爲了
草木會在一夜之間枯萎
高潔呢
是她的本性　也是本能
而爽朗是風韻
是飄逸的　詩的風韻

當蟬聲唱盡

陣雁南飛
她翩然來到
她來了
自然界的一切
都低頭不語
只有楓葉
嫣紅姹紫
獨領風騷
似在傳佈詩的消息

冬

她底一生
泰半迷戀著
白的顏色
迷戀著
純情

她來時
河川穿著素色的禮服
大地披上白色的面紗
天空與海
白茫茫一片
簡直是
玲瓏有致
白璧無瑕

更有梅花
表現特有的精神
愈冷愈香
愈香愈艷
香滿大中華

獻

在費希特底哲學世界裡
只分了Ego and non ego兩大類
在我底情愛的宇宙裡
妳便是上帝

所有一切的女子
對於我是不肯瞧她們一眼的
因爲她們
都無法與妳相比

純潔的沒有妳文靜
文靜的沒有妳嬌美
我願將所有的一切都拋開

只要和妳在一起

我不要財產
我不要富貴
我只要上帝賜我一種權利
讓我永遠忠實於妳

我不想作君王
我不想作神仙
我只想上帝賜我一點恩惠
讓我把一切的都貢獻給妳

在妳底面前
我是光榮的
倘使我一切的努力
能夠造福於妳

在妳底身邊
我是幸福的
倘使我對妳底尊敬
能得到妳的歡喜

請不要將我關在心底牆外
我是乘著維納斯底座車來的
我是帶著邱比特底金箭來的
我底奮鬥我底理想我底希望
一切都是爲妳

紡織娘在編織初遇底歡喜
黃鶯鳥在傳佈春天底消息
春底訊息如何
我是在夢中
在夢底柔波裡低徊

薔薇花是在春天裡開放的
比目魚是在水裡面游泳的
捧出我底心交給妳
我是在夢中
在甜美的夢裡吟味

在費希脫底哲學世界裡
只分了Ego and non ego兩大類
在我底情愛的天地裡
我要把整個的宇宙都奉獻給妳

臺灣風情畫之一——按摩女

她拖著幽靈似底黑影在陰森森的深巷裡摸索
吹著一聲聲無腔底短笛哼出了苦難者底悲歌
雖然煩透了那些油頭粉臉的肥腸大肚的傢伙
卻用她從未被人握過底纖手在他們身上撫摩

街燈底餘輝以嗤笑的眼光投向她寂寞的心底
她隨著一天的疲勞與幽怨深入了無底的迷惘
從此她開始懷疑這茫茫底人海寧有純眞底愛
故將畢生幸福與青春付託了形影相隨底手杖

華夏之戀

在我底愛情的宇宙裡
妳是宇宙之中唯一的眞神

妳創造了我的生命
有妳才有眞理

妳是我的道路
我的幸福
我的永恆

我對妳的愛永不改變
除非地老天荒

但是
地老天荒
誰能想像

燭

有些人說我代表光明
豈敢　豈敢
星星　月亮　太陽
都比我明亮
我算什麼呢

有些人說我嫌棄黑暗
也許是眞的
不瞞你說
我的一顆心
是一根腸子通到頂
而且
還透明的呢

我有一種誓言

從未對人說過

那就是

寧願淚盡灰殘　燃燒自己

也要與光明

永遠同在

一朵小花

從屋頂花園
到牆角下
靜靜的小立著
一言不發

生生世世
將心事凝成縷縷清香
藉著微風的飄送
香滿人間

雖然是弱不禁風
卻無視於風吹雨打
只相信　風雨過後
一切會回到陽光下

鐘

亙古以來
我總是被人撞擊
被人敲打
但我從無怨言
更不抗議

因爲
歷史的使命
未完成以前
我會忍氣吞聲
我的使命是
喚醒東方

喚醒西方
喚醒所有夢中人

夕陽

在人約黃昏時
我是忙碌的
我忙於輻射滿天彩霞
將宇宙
打扮成既豪華　又絢麗
讓天下有情人
醉於粉紅色的夢

雖然亙古以來
英雄　兒女
面對我的時候
難免自憐遲暮

而我永遠是
紅通通的臉
坦蕩蕩的心
愈歷風險
愈有精神
愈近薄暮
愈富豪情

悼許遠東

昨夜杜鵑啼血
多少人　通宵未能合眼
你　一顆巨星　從天隕墜
愁雲慘霧　籠罩了所有人的心田

季布一諾千金
千古傳爲美談
你一諾十二億美元（註）
歷史將如何爲你定位呢

爲了紓解東南亞
迎面而來的金融風暴與危機
你慷慨地獻上了生命

且將濟困扶危的精神
提昇而與日月增輝

如果宇宙是有情的天地
奈何你竟一往而不回首
如果宇宙是無情的荒漠
奈何我爲你而涕泗滂沱

註：中華民國八十七年二月十六日，許遠東以央行總裁身分參加十國金融會，代表我國，允諾以十二億美元，經援東南亞各國，返航發生空難，竟以身殉，因以詩悼之，誌弗忘也。

強盜哲學 有序

時人有主張「人生以享受爲目的」者，筆者不同意其說，因以詩諷之。

我不知道我是誰
只知道標新立異
便可將孔子　蘇格拉底
踩在腳底

前些日子
我舉行新書發表會
提出「人生以享受爲目的」
說是「鮮活思維」

眞是「鮮活思維」嗎
自然不是
是啥格呢
「強盜哲學」的思維也

享受寧有止境
慾海難填
殺人越貨
於是有了藉口

「人生以享受爲目的」嘛
享受未足
爭權攘利之心已起
「享受」不是成全了「強盜哲學」嗎

圍巾

並不是我老想纏著你
只因爲怕你受到風寒
我這纔將你緊緊摟住

不管你喜不喜歡我
我喜歡你是眞心的
雖然你一直默默無語

我願與你長相守
生生世世永不分離
直到永恆
要不然
你就甩了我吧

我最擔心的是
人世間
不聞　不問
若即　若離

楊柳

妳青春如雲的秀髮
長在我的心頭盪漾
每當春風乍起時
我心中便洋溢著喜悅
也有些迷惘

妳底舞姿是詩意的
一舞過來
帶給我一簾幽夢
一舞過去
帶走我滿天遐想
我曾爲妳的柔情蜜意而神馳

也曾爲妳的幽雅風範而心醉
我一點兒也不在意
妳的纖指
拂過他人否

鞋子

只要能成雙成對
生生世世不分離
我願爲足下服務
毋需回饋

只要能長相左右
前後相隨　比肩前進
縱使前程多艱
終能履險如夷

我的哲學是
行者常至　爲者常成
我的信念是
路是自己走出來的

落花

妳終於要離我而去嘛
在春意闌珊之後
在杜宇聲中
妳甚麼都不顧了
決心不告而走

也不想想看
在妳我兩情相悅時
妳是何等的艷麗芬芳
何等的惹人憐愛
令人讚賞

妳曾爲我而綻放

爲我而爭妍鬥艷
曾幾何時

妳竟如此惟悴
我能不爲妳流淚嘛

妳無聲無息的走了
無怨無悔的飛了
頭也不回　隨流水而逝
我能說甚麼呢
惆悵也是枉然

我不忍心說妳無情
因爲妳我曾經愛過
既然妳我曾經愛過
就該明白
花開花謝夢一場

潮

只因爲
人在海角
心繫天涯
我的一顆心
從來就不曾寧靜過

時而
微波盪漾
無限感懷
無限惆悵

時而
濁浪排空

熱血澎湃
豪情萬丈

風花月團圓曲

我若是風
有時候的我
簡直已瘋狂
緊摟住沙灘
一波又一波
狂吻

不能平的是
吻遍了所有的沙灘
爲甚麼
人依然在海角
心依舊繫天涯
難道是

欲歸已無家

就盡情地吹吧
吹過台灣海峽
吹遍大江南北
讓大家都知道
風從海上來

我若是花
就千門萬戶一齊開吧
開在臉上
香在心裡
讓所有的人
心花怒放

我若是月亮
就灑滿天的銀色詩情於大地吧

讓大地具有分辨黑白的智慧
不再沉醉於權力的彼此堅持
然後
手攜手
心連手
譜一曲海內外大團圓

鞭炮

有人說我脾氣不好
有人說我性情急燥
其實我是身不由己
並非天生就愛火爆

東家辦喜事也好
西家做道場也好
有那一回不是
拉我出來湊熱鬧

我難道生來就是
給大家尋開心的嘛
怪不得我與大家相見
便劈劈拍拍吵起來了

雄雞的感嘆

在往昔
只要我喔喔一聲啼
普天之下
千門萬戶
老幼男女
誰敢不奮起
女織男耕
井然有序
社會因以和諧
民生因而樂利

如今呢
如今是多元化的新社會

多少人　學我的大嗓門
多少人　學我的肢體言語
天知道　我的肢體言語是
專爲求偶才使用的
而他(她)們
竟將大嗓門　肢體言語
搬進議會
搬入立法院
將神聖莊嚴的國會
弄成亂哄哄
一團糟
教我如何能放心

有人誤以爲
嗓門大　就能取代公理
有人誤以爲
肢體語言　就可壓倒正義

人們也太健忘了吧
不然
爲甚麼在大雅之堂
竟甘心如此不懂得
自我節制

哀哀諸公
雞尚有五德
而自我節制
又居五德之首
諸公想想看
如果不到三更、五更
我也爲了作秀
喔　喔一聲啼
豈不會使整個社會
秩序大亂嗎

吃飽了太閒

——慾海無邊

吃飽了太閒
無聊
吃飽了太閒
無恥
吃飽了太閒
囂張

吃飽了太閒
狂妄
吃飽了太閒
就來一次豪賭
以兩千萬人的生命、財產爲賭注

孤注一擲
輸
贏
也是值得的
爲了
「咱要出頭天」

「咱要出頭天」
你要出頭天
我要出頭天
他要出頭天
大家都要出頭天
就豪賭吧
以兩千萬人的生命、財產爲賭注
孤注一擲
這叫做
玉石俱焚

玉石俱焚
不是末日來臨吧
管他的
爲了
吃飽了太閒
爲了
無聊
爲了
無恥
爲了
囂張
爲了
狂妄

爲了
慾海無邊

幻影

我不知道誰是我
也不知道我是誰
但我知道我是一種幻影
似眞似假　若即若離

論外表
我有女人的艷麗
兼具男人的英俊　是一個
道道地地的人

我有思想
也有理論　只不過
我的思想　是僵化了的思想

我的理論　是扭曲了的理論

我有一個名字
怪怪的　那就是
逢人　我說我是黨外
逢鬼　我說我是圈裡

我的意思是
我只是一種幻影
並不是眞正要與誰站在一起
我一切都是爲自己

我底哲學是
咱要出頭天　所以
表面上　我裝成可憐兮兮
實際上　我享盡一切特權

於是　我以謊言作眞理
編織成一系列的偏激言論
反這反那　左右逢源
居然　利源滾滾

從此　我便開始
顚倒黑白　混淆是非
製造分化　挑撥離間
爲反對而反對

自然　爲反對而反對
對國計民生　是毫無意義的
但它是登龍術的一種
是野心家的一種摩術

這種摩術
與馬戲團的魔術有所不同

後者是只騙觀衆不騙自己
前者是旣騙觀衆又騙自己

爲甚麽要騙自己呢
如果不是騙自己的話
憑甚麽說
「臺灣人不是中國人」呢

我最得意的一件事
就是出賣祖宗
所以我罵我自己是雜種
一點兒也不臉紅

難道你能否定我是雜種嘛
我強調　我的血是
「日本人　荷蘭人　馬來西亞人的
混合血液」你懂不懂

所以　我便一口咬定
說甚麼「臺灣人不是中國人」　難怪
外國人笑我無知
中國人笑我無恥

笑就由人家來笑吧
我就是執迷不悟　我行我素
可憐我　就這樣成了兩面人
成了陰陽臉　頭腦不清不楚

忽而錢財帳目不清不楚
忽而結婚離婚不清不楚
忽而改姓改名不清不楚
忽而出家還俗不清不楚

知道我的人　說我裝瘋賣傻

不知道的人　說我傷風敗俗
我自己也覺得有一點兒好笑
便自己封自己爲偏激大師

大師是可以隨便自封的嘛
如果我不是擅長假藉　擅長利用
更擅長黑白講　試問大師
如何面對搖旗吶喊的徒衆

假藉甚麼
假藉民主　以破壞民主
假藉自由　以戕害自由
不是滿好玩的嘛

利用甚麼
利用公道　以反對公道
利用人權　以戕賊人權

不都由我黑白講嘛

所以　我一旦當選了
便喊　民主萬歲　自由萬歲
如果落選了呢　便放洋喊冤去
大罵　法西斯蒂

如果當選後　還要就職開會甚麼的
我就時而集體辭職
時而集體退席
教我善良的選民簡直莫名所以

也眞是的嘛
人民那兒知道　我參選只爲作秀
壓根兒　我們「黨外」　何曾有過
爲民服務　爲國造福的心理

我難道不知道
欺世盜名是很危險的嘛
但爲了我的「咱要出頭天」
我那兒還管這麼多

我也記得　越南楊文明將軍的故事
上午　高高興興上臺　行禮如儀
下午　垂頭喪氣稱囚　傷心落淚
像他算不算熱心民主運動的鬥士

所以我一直以虛矯的　「熱心民主運動」
的身影出現　在各種場合
開口民主　閉口自由
裝成一種儼然就是「民主鬥士」的樣兒

你以爲我　想作楊文明第二嘛
我告訴你　在我們這自稱「黨外」的小

圈圈裡　一籃蘿蔔盡是頭
誰不想作楊文明第二呢

問題是　誰配
更何況　覆巢之下無完卵
想作就作得成的嗎
作不得的呀

怎麼辦呢
到美國喫牛排去
只要你精通　拉關係　打黑槍
告洋狀　保你牛排有得吃哩

你難道不知道
我們那「一手」遮天的祖師爺彭某
如果不是靠了拉關係　打黑槍　告洋狀
憑甚麼老喫美國的牛排

你知道
他最近在美國國會作證吧（註）
他說他是日本籍的美國人
這不證明他　今生今世只想喫牛排

他喫他的美國牛排
關我甚麼事　氣人的是
他自己在美國喫牛排
卻叫我們在國內搞「住民自決」呢

「住民自決」
這是甚麼話　自決不是自裁吧
楊貴妃自決自裁
白居易纔寫長恨歌的呀
我們如果也糊里糊塗

跟著人家走　跟著喊
「臺灣住民自決」底荒唐話
誰替我們寫長恨歌呢

話說回來
「自決」固然是絕對使不得的
牛排也不是那麼好喫的呀
除非你也是女生　又懂得投懷送抱

記得麼
一年一度　聯袂訪美的那兩個女人
如果不投懷送抱
牛排有得喫麼　誰相信

再說麼
她倆遠渡重洋　像七夕天河配那樣
年年爲兩大公子投懷送抱

是心甘情願的麼
如果不是心甘情願
到頭來　也不過換回一個甚麼
「對臺民主促進會」的空名
值得麼

我看是
有些不務正業了　不是麼
小貓三隻兩隻　×政分會到處成立
幹啥

是擺排場嗎
擺給誰來看呀
是一窩蜂主義嗎　到時候還不是
煙消雲散

是爲了　選舉老二　老大嗎
誰配做老二　老大嗎
誰配做老二　老大
難道該無恥之尤
來做總老大嗎

這未免太不公正了吧
無恥之尤是甚麼委員
難道我不是
憑甚麼要我居他之下

是重男輕女嗎
人家還被尊爲天生尤物的代表呢
你不信嘛　我拿與甘、索兩公子的
親密合照給你看　難道有假

告訴你　也無妨

作奸犯科　知法犯法
造謠誹謗　我是拿手
這也不過是　我的一點點特權吧

好笑的是
仲連先生請客　我參加
當家的請客　我也參加
輪到我請客　腳板抹油　溜也

有一點是　大家都難見諒的
槍擊犯　搶銀行　死了
該死的東西嘛
我偏偏贈送「痛失英才」的輓幛

難道　我會是他們的同夥嗎
我照例是　不承認　也不否認
但有一點　可以判定　如果是的話

我底前程　何堪設想

我不明白我自己
是聰明　還是糊塗
也不瞭解我自己
是癡迷　還是狂妄

我只感覺到　自己恍惚是
愈來愈糟糕　愈來愈莫名其妙
除了欺世盜名而外
簡直不知如何是好

我究竟如何是好呢
如果人人都像我　造謠誹謗
作奸犯科　知法犯法
這世界　會怎樣

如果人人都像我
報紙上那些強暴　搶劫　打鬥
販毒　謀殺的新聞　來一個
坐監惜別會　不一切都掩蓋住了嘛

這樣
坐監惜別會的隊伍　站開　排成行定比萬里長城還更長
問題是　誰還會有惜別的心腸

我那天參加坐監惜別會之後　回家
慈祥的母親　突然握著我的手說
孩子　你是不是臺毒呢
你要老老實實告訴媽

如果是的話
你要遠走高飛　永遠勿再回來
如果不是的話

你就和他們一刀兩斷　劃清界線

我望著年老的母親　熱淚滿眶
我的眼淚　也像下雨一樣
你要我對母親怎樣說呢
承認或否認　頗費周章

我對母親　笑了一笑說
媽　原諒妳的兒吧
這件事　兒是
甚麼都不能說呀

因爲兒和那一夥「朋友」
有個不成文的約定
對這件事　對外　照例是
既不承認　也不否認

爲甚麼不承認呢　因爲
臺毒罪惡彰著　美宣布爲暴力組織
中共對它　只利用不承認
我如參加臺毒　豈不是自己找死

那麼　爲甚麼又不否認呢
中共　臺毒　偏激人士一條線牽著
否認了　還有甚麼戲好演呢
×政會　豈不是全部關門

有一種獸　叫做三角怪獸
牠是吸血不見血
食人　不吐骨頭的
牠底兇殘　說來無人肯相信

牠有三支有毒的觸角
是人的眼睛看不見的

中共　臺毒　偏激人士　就是
被三支觸角　一條線聯住

我這纔發現
寄生在我們身邊的那個幻影
原來就是三角怪獸的魔影
我爲甚麼不將牠一腳踢翻　還我底本來面目呢

古典詩詞

古典詩詞

植物園漫步

獨步荷塘畔，林深萬籟微。
風來花共語，不醉已忘歸。

寸心

挾山跨海走天涯，駭浪驚濤不是家。
五十年華隨逝水，寸心猶自憶長沙。

月夜

秋雲片片繫歸心，望斷衡陽感益深。
一夜鄉情三五處，嫦娥有淚欲沾襟。

返家

親恩誰可訴?·梅影尚橫斜。
最是情難已，墳前淚落沙。

無題

夢裡人猶昔，庭前景未移。
問花誰解語，對影已無詩。
義重情長在，緣慳枉費辭。
相思繫萬里，此意果然痴。

還鄉

天涯流浪久，歲歲計還家。
一旦臨歸路，斯心嚮故槎。
風飄飄欲語，舟幌幌傾斜。
乍見番疑夢，交談聲已沙。

落花

此身曾寄最高枝，落盡繁華不自知。
澹泊果能如素願，不期鬥艷待明時。

追悼賈和亭 四首

少年同學最相親，樞府重逢情更眞。
勵志養廉長益我，知心誰似賈和亭。

其二

也憐身世似秋蘋，故舊凋零淚濕巾。
壯志豪情成逝水，忠肝義膽更何人。

其三

四朝元老不單純，不忮不求德潤身。
小別遽聞傳噩耗，士林又少一賢人。

其四

最難風雨故人情，五十年間共死生。
未返中原人已杳，故園西望路難行。

七十初度書懷

步徐傳經學長原韻

一

從未因情喜，何須爲己悲？
求田非所志，報國願終違；
曠達心無憾，時窮節不隳。
悠悠忘漸老，薄暮欲何歸？

二

六十年間事，無猜倆小隨。
一朝烽火急，兩岸世途歧；

白髮傷猶別，紅顏願未依。
茫茫人已杳，海誓總難移。

三

舊夢尚依稀，前塵未可知。
人非余獨老，事與願相違；
處處傷飄泊，年年恨別離。
關山千里外，何日是歸期？

四

壯志今猶昔，萬般皆有爲。
永恆同片刻，雅興在詩詞；
不慶七旬壽，因知六九非。
法天惟不息，樂命復奚疑。

四君子

梅

不競春天艷，偏從雪地奇。
暗香浮宇內，詩意滿雲涯。

蘭

舉世趨名利，深山且自藏。
久忘風月約，何用舞霓裳。

菊

三徑含珠露，詩情滿八荒。
未逢陶靖節，何敢媚重陽。

竹

虛心緣耿直，勁節願多違。

綠意宜人爽，幽篁露濕衣。

書懷

功名利祿等雲煙，與世無爭亦半仙。
一息尚存天屬我，百年長醉我歸天。

其二

是非成敗東流水，寵辱浮沉似夢中。
一別美人終古恨，此生幾度夕陽紅。

其三

半日讀書半賞花，不知窗外夕陽斜。
南柯有夢誰先覺，憂樂毋忘百萬家。

心靈

人爲萬物靈，物我原同體，
天下本爲公，何須排異己。

巷一中原則

四海皆兄弟，天涯本一家，
中共非中國，兩岸合中華。

即興詞六闋寄贈　萬德群學長

西江月

世事宛如春夢，人生恰似飄萍。功名利祿不關情，成敗是非難論。　最喜窗前月滿，還憐院後花明。觀花賞月趁黃昏，明日陰晴莫問。

其二

紅粉知音未遇，相思有夢難尋。花開花謝獨關心，好夢由來易醒。　富貴原非所願，功名本是浮雲。毋庸苟苟復營營，還我怡然本性。

其三

往事未堪回味，多情翻似無情。閒來無那亦哦吟，未若怡然適性。　白髮豈吾獨有，紅顏願約三生。兩情相悅喚卿卿，忘卻桑榆已近。

菩薩蠻

鄉思縷縷歸心急，中原一髮雲煙裡。
今夜宿長沙，斯心亂若麻，
娣兄相擁泣，淚盡青衫濕。
畢竟喜重逢，猶疑在夢中。

其二

一杯在手情難已，此生難得傾杯醉。
親友盡歡顏，皆因人已還。
田園雖易主，鄉誼濃如許。
往事勿重提，重提心益悲。

其三

斯人縱感獨憔悴，重逢總是心歡喜。
各自邀還家，家家酒肉賒。

伊人終未嫁，獨守成空話。
今日果言歸，歸來人已非。

鵲橋仙 離情

西樓風滿，芸窗燈暗，牆外月明如雪。倚欄人倦正相思，恨不見棲霞紅葉。
棲霞紅葉，淚乾成血，望斷衡陽雁絕。江南多少未歸人？腸斷天涯歸未得！

鷓鴣天 有贈遠遊人

世事茫茫行路難，愁如流水恨如山。韶華易逝心猶壯，兒女英雄莫等閒。
千萬緒，足心酸，不知何處是鄉關？功名利祿皆塵土，富貴浮雲一瞬間。

西江月 故鄉平江城西公園即景

何處人間仙境？大仙山吻汨羅。清流九曲遶城過，無限風光難鎖。　流水小
橋塔影，碧潭秋月銀河。蜿蜒千里聽漁歌，直下洞庭適可。

訴衷情 前題

汨羅江伴大仙山，仙境在人間。樹影波光若畫，江流九曲潺湲。　城隍廟、

聚雲軒、悟了園。雲煙緲緲，疊翠層巒，好叩禪關。

浣溪沙 無題

兩兩雙雙別有情，俊男辣妹作芳鄰，風光無限滿園庭。　夜夜春宵酣好夢，幾番煙雨幾番晴，隔牆猶聽喚卿卿。

菩薩蠻 探親

多情惟有湘江水，其中多少離人淚。　回首望長沙，有家不是家，歸來猶作客，凝恨憑誰說。幾度爲尋親，墳前淚滿襟。

虞美人 一九九八年長江水患

大江東去情難料，災變知多少？長江兩岸互洪峰，四億兩千萬衆盡哀鴻。損傷農作三千億，水患仍無已。愴懷霍亂更傷寒，滿地瘡痍誰爲拯民艱？

哭白曉燕新詞四闋

減字木蘭花

狠群乍現，曉燕爲何忽不見。斷指驚魂，慘絕人寰不忍聞。　問天無語，今夜燕歸何處去？忽報浮屍，萬戶千家腸斷時。

桃源憶故人

暮春三月多風雨，清夜悠悠誰語？最是慈親思汝，竟日愁如許。　伊誰膝下無兒女，燕子魂歸何處？窗外一聲杜宇，淚落心如煮。

西江月

師長銜悲留座，同窗飲泣愴懷。醒吾中學校門開，曉燕爲何不在？　林口幾家雲黯，環河兩岸花摧。金剛猶未伏魔來，菩薩心腸誰解？

臨江仙

無限憂傷無限恨，有情誤卻無情。忽聞撕票鬼神驚。芳齡才十七，蝴蝶夢難成。　最是阿娘思愛女，幾番風雨凄清。何堪一慟隔幽冥。呼兒兒不應，怕聽落花聲。

烏夜啼　別情

夢裡思君知未？醒來淚濕羅衣；衡陽望斷千行雁，羈客豈忘歸？　往事只堪回味，故園風景依稀；傷情最是重遊地，人事已全非。

訴衷情　憶往

去年重訪北京城，相識盡菁英；交流詩學聯誼，難得遇知音。　時易逝，事難成，夢猶新；感懷難已，回首燕山，夜話誰聽？

秋波媚　追悼鍾　雷先生

每讀先生拾夢篇，讀罷淚潸然。全能十項，半生戎馬，都到眼前。　神仙眷屬人人羨，情深五十年。詩人大會，翩翩儷影，恍若今天。

卜算子　別恨

世上有情人，多被情緣誤！海角天涯相見難，誰解相思苦？　夜夜夢江南，未到江南去。及到江南訪故人，人已無尋處。

其二

天是有情天，地是無情地。別後伊人已白頭，請問君知未？　寢則不成眠，食則不知味。日日思君不見君，君究在何處？

采桑子　哭蕭明忠

記曾共聚台南市，君正年輕，我亦年輕，慷慨同懷賈誼情。　如今一別成終古，風也淒清，雨也淒清，回首前塵淚滿襟。

浣溪沙　懷往

萬里雲遊久未歸，歸來人事已全非，不堪回首夢依依。　竹馬青梅傷逝水，暮雲春樹想斜暉，樓空鳳去不勝悲。

虞美人　無題

婷婷嫋嫋人兒小，已省春來好，有情相約看花燈，只見花燈不見看燈人。
眉梢有話憑誰說，空對床前月，問君誰是有情郎，卻語還羞總覺意難忘。

讀無名氏新著〔抒情煙雲〕述感四闋

虞美人

杭州三月花如錦，好夢誰先醒？西湖風月更無邊，天上人間處處樂神仙。

蘇堤柳岸風猶軟，只是人思倦；卅年往事憶從前，始信今朝塔外有奇緣。

采桑子

背君垂淚君知否？有約未來，小立瑤階，爲問梅蘭開不開？　窗前夜話今猶昨，夢已成灰，猶自徘徊，腸斷一回又一回。

菩薩蠻

平湖秋月書聲杳，樓空鳳去情難了。橋影想流虹，相思夢亦空。　歸帆何太急，一別無消息。一旦識芳心，美人成古人。

其二

天崩地裂人憔悴，秋風搖落無顏色。孤影獨登樓，樓空愁更愁。　小園花亂墜，淚落青衫濕。生死兩茫茫，問天天欲荒。

註：吳江葉元禮，少日過流虹橋，有女在樓上，見而慕之，竟至病死。氣方絕，適元禮復過其門，女母以女臨終之言告葉，葉入哭，女目乃瞑。時人為女作傳，清大詞人朱竹垞，以詞紀之。詞曰：

慶春澤

橋影流虹，湖光映雪，翠簾不捲春深。一寸橫波，斷腸人在樓陰。遊絲不繫羊車住。倩何人傳語青禽。最難禁，倚遍雕闌，夢遍羅衾。重來已是朝雲散。悵明珠佩冷，紫玉煙沉。前度桃花，依然開滿江潯。鍾情怕到相思路，盼長堤草盡紅心。動愁吟，碧落黃泉，兩處誰尋。

是故，無名氏的〔抒情煙雲〕，有「橋影流虹」篇，見抒情煙雲上冊151至172頁。

踏沙行懷舊

湘水無言，長沙有約，最難忘是天心閣，祇緣離亂誤歸程，相思欲寄憑誰託？
春去春來，花開花落，卅年歲月蹉跎錯，夢中情話尚綿綿，醒來方覺今非昨。

桃源憶故人　離情

自憐偏是多情種，多少黃昏誰共？月落烏啼霜重，只把單衾擁。　垂楊不解離人痛，搖曳生姿相送，鈎起一簾幽夢，又怕人嘲弄。

卜算子　閨怨

君固有情人，我豈無情女？夜夜懷人不見人，淚落如春雨。　此雨幾時停？此別何時聚？若使君心似我心，總有相逢處。

昭君怨

幾度長沙來去，未識伊人何處？惆悵滿胸懷，獨徘徊！　也是疏星淡月，也對青山華髮，不見夢中人，與誰親？

菩薩蠻　懷舊

美人一別難回想，長沙有約堪惆悵！闊別最傷魂，誰爲心上人？　知音難再得，況乃飄零客。何日是歸程，洞庭風雨平。

采桑子　感懷

乘桴浮海緣何故？泣別爹娘。背井離鄉，回首中原淚滿眶。　無情歲月隨流水，人未成雙。鬢已先霜，報國思親夢一場。

附錄

和平統一中國的前途展望

和平統一中國，是海內外全體中國人的共同願望，也是歷史發展的必然趨勢。如何才能實現和平統一？在當前，兩岸的想法與看法，顯然並不一致。

詳言之，對岸以中共爲首的北京當局，是主張（一）和平統一，（二）一國兩制；我中華民國政府，則主張以自由、民主、均富的理念與原則，加強平等互惠的兩岸交流與合作，以逐漸實現中國的和平統一。兩相比較，我們覺得，前者實自相矛盾，不切實際，後者則十分符合全體中國人的共同願望。

北京當局，一方面強調和平統一是既定的策略，另一方面又說和平須以武力作後盾，即始終不肯承諾；放棄對中華民國使用武力。這不是自相矛盾嗎？

所謂一國兩制，是甚麼意思呢？就是主張統一後的中國，政治上仍然由共產黨一黨獨裁，經濟上則大陸地區仍實行社會主義的經濟政策，臺灣地區則可繼續實行民生主義的現行經濟政策，北京當局因不願稱頌民生主義福國利民之客觀事實，故意改稱臺灣地區則可繼續實施資本主義的經濟政策。這是不切實際的主張，因爲自由與民主是分不開的。如果政治上任由共產黨一黨獨裁，則任何形式的自由經濟政策，均不可能實現。

所以說中共所主張的所謂一國兩制，恰如在北京怡春院門前豎起的貞節牌坊，大諷刺，自然是不可能實現的。惟有以自由、民主、均富爲兩岸政治的共同理念與各自努力的共同目標，才是符合海內外全體中國人的共同願望，且有利兩岸的中國人由貧困邁向繁榮均富的共同福祉，實有百利而無一弊。只要兩岸同胞，能抱持自由、民主、均富的理念，以和平統一爲共同目標相互期許，共信共行，則十二萬萬以上的海內外的炎黃世胄，凝爲一心，共同努力，心之所向，如水之就下，則統一大業，可計日而成，屆時必可收水到渠成之功，不待智者而後知。

在現階段，由於中共仍堅持主張不切實際的所謂一國兩制的策略，兩岸基於平等互惠的自然原則，以進行和平談判的時機，雖爲期尚遠，但中華民國政府及人民，在臺澎金馬的復興基地，以中山先生的三民主義爲最高指導原則，所致力於政治的、經濟的、社會的、文化的長遠建設，所獲致的成就，已使臺灣成爲中華民族復興的燈塔，此一事實，必因兩岸同胞的良性交流與互訪，而逐漸改變大陸地區的社會人心與體質，此項改變，必能開啓兩岸對等談判的和平之門。

臺灣和平統一大陸

一九九六年十一月，波蘭前總統華勒沙來訪，記者問華勒沙對和平統一中國的展望，華勒沙說：「世界形勢的發展，如果是合邏輯的，則未來中國的和平統一是臺灣統一大陸，而非大陸統一臺灣。」何故？因爲大陸至今仍爲共產主義所統治，凡共產主義所統治的國家或地區，最後一定會崩潰，這是一定的，共產主義統治的中國大陸，崩潰是無法避免的，而崩潰後的中國大陸，必爲自由、民主、均富的形勢所取代，也是可以斷言的。

我認爲華勒沙這番話，是十分客觀的。事實是中華民國的政府和人民，近四十年來的持續努力，在臺、澎、金、馬的復興基地，所創造出來的經濟的、政治的成功經驗，證明了以三民主義統一中國，乃時代潮流之所趨，亦中國全國所嚮往，任何力量均無法阻止其發展的，這是基於主客觀的雙重因素。

主觀的是近四十年來，中華民國經濟建設與民主政治建設的成功，證明了三民主義是中國和平統一，以進富強惟一可行的康莊大道；客觀的是近四十年來，中國大陸實行共產主義統治的結果，不惟不能解決中國的經濟危機，反而面臨了世界各共產國家，尤其是蘇聯及東歐各國的一夕之間而崩潰的同一命運。

中華民國政府，不願見到中國大陸同胞，因共黨政權之必然崩潰，而面臨像莫斯科街頭排長龍買不到黑麵包充飢的民衆那樣的生存威脅，重現於中國大陸，乃毅然頒行了國家統一綱領，此一國家統一綱領，即全體中國人民的權利保證書，亦和平統一中國的保證，所以說：和平統一之門由我開放。

共享自由、民主、均富的福祉

北京當局堅持和平統一，中華民國政府及人民，亦堅持和平統一，海內外的全體中國人，更無人不渴望眞正的和平統一，能早日實現，可見中國的和平統一，是中國邁向現代化的自由之路。然而和平統一的眞義，究竟爲何？和平統一的目的，又是甚麼？這才是最值得海內外所有的中國人關心的，和平統一中國的眞義，我認爲必須凝聚所有中國人的智慧與力量，以共同創造旣富且強的新中國，使全體中國人，共享自由、民主、均富的福祉，爲惟一之目的，捨此則非和平統一之眞義。

舉例言之：如果統一只是爲了鞏固共產黨或國民黨，任何一方對國家之統治權，即堅持統一後之中國，仍由共產黨一黨專政，或由國民黨一黨專政，則和平統一，實毫無意義。所以，統一第一要義，必然是政治民主化，統一第二要義，必然是經濟自由化，統一第三要義，必然是社會公平化，統一第四要義，必然是軍隊國家化。

只有政治民主化，開放黨禁，乃能確保海峽兩岸人民免於恐懼的自由；只有經濟自由化，乃能增進海峽兩岸之經濟合作與互助，使全大陸同胞都能共享不虞匱乏之自由；只有社會公平化，乃能積極提高國人的勤奮精神與生產情緒，消極防制官倒與特權壟斷；只有軍隊國家化，乃能保障和平統一有實現之可能，並有效防制軍隊流於黨爭之工具。

此四項事實爲促進中國和平統一之前提。是以我中華民國政府，早已於國家統一綱領中，明白宣告，只要海峽兩岸，都能堅守此一福國利民的和平統一四前提，我們有理由相信：海峽兩岸，對等談判的時機一定會來臨。

國號與國體宜優先討論

如果兩岸的北京與臺北當局，都有誠意謀求中國的和平統一，我們堅信而且確認：雙方均應依循國家統一綱領所揭舉的政治民主化，經濟自由化，社會公平化，軍隊國家化的原則，開誠布公，利用現有管道，例如辜汪會談，進行協商外，有關統一後之國號與國體、政體等問題，亦宜優先討論，化異求同，增強共識，作成結論俾提供雙方互派代表，對等談判時之參考，以奠國家千秋萬世之根基。

談到國號問題，中共政權成立於北京之初，衆所周知毛澤東是主張延用中華民國國號的，周恩來則主張以「中華人民共和國」爲新國號。而仍以「中華民國」爲其簡稱，後來竟以「中華人民共和國」爲國號，嚴格的說：既非毛澤東的意思，亦非劉少奇、周恩來的意思，而是秉承史達林的意旨決定的。因爲當時的中共，走的是一面倒，倒向蘇聯的道路，凡是第二次大戰後秉承史達林的意旨，建立起來的共產政權，無論是東歐的九國，以及美洲的古巴，亞洲的北朝鮮、北越，乃至外蒙古等，史達林概以「人民共和國」之「統一封號」稱之，北京共產政權雖是蘇聯本土以外最大的一個附庸政權，亦難例外，此「中華人民共和國」國號之由來，中國人不可不知也。

是以六四前後，鄧小平先生故意對由美抵北京的華人教授熊玠先生透露：「一旦中國的和平統一成爲可能時，則國號、國歌、國旗等問題，皆宜以兩岸對等談判的方式來取決。鄧對熊玠透露的話，是耶非耶？至今徒然留畫餅，亦成話柄。

中山先生臨終遺言
和平奮鬥救中國

一九九六年十一月十二日，爲創立中華民國之　國父孫中山先生的一三〇歲誕辰紀念日，是日，北京各界開會盛大慶祝，中共領導人江澤民先生即席講了話；江澤民說：「中國共產黨一直是孫中山先生的支持者、合作者和繼承者。」此話果眞？此時此際，中共憑甚麼還要處心積慮，在國際空間一再打壓中華民國呢？難道不知道中山先生一生的努力，就是爲了創建中華民國和保衛中華民國嗎？江澤民領導下的中國共產黨，如果眞正是中山先生的支持者或合作者，就請立即放下屠刀，不再做企圖推翻中華民國的迷夢，而與中華民國的政府及人民，攜手合作，共謀中國的和平統一。

因此，我們認爲恢復中華民國，爲中國統一後之國號，最能符合海內外全體中國人之共同願望。因爲蘇聯崩潰後，全世界的人都知道：所有的「人民共和國」，都成了「黃葉舞秋風」，崩潰、零落是早晚的事了。海峽兩岸，果有誠意謀求中國的和平統一，則恢復中華民國國號於全中國，實爲順天應人之事，對等談判，宜以此爲先著。

和平統一中國，就是要使國家爲人民所共有，政治爲人民所共管，利益爲人民所共享，換成別的話，就是要使長期分裂與貧窮落後的中國，一躍而進爲自由、民主、均富的現代國家，這是海內外全體中國人的共同願望，也是現代潮流的所趨，任何力量都是無法抗拒的。因此，我們有理由相信，和平統一中國的成功是必然的，共產主義統治的崩潰也是必然的，所以，中國和平統一的成功關鍵，實繫於中華民國民主憲政推展的完全成功，與自由經濟力量的日益壯大。

（原載中央日報、菲律賓聯合日報轉載）

今古名聯析賞——重遊岳陽樓記趣

一九九六年五月十五日，偕大器、茗華、樂章同遊岳陽樓，適天氣晴和，能見度極佳，既登樓，憑樓遠眺，俯仰之間，有八百里洞庭，儘入眼底之感，其間，最令人嚮往、遐思、徘徊而玩味的是：唐宋以降，歷代名人雅士，所題岳陽樓聯語，眞是字字璣珠，輝煌璀璨，令人目不暇給，美不勝收，今就記憶所及，試述一一，並略加評析，以饗同好。

水天一色　風月無邊

此聯署名爲長庚李白，相傳爲唐代大詩人李白題撰，現存係清代舊匾，懸於三樓，是否爲李白眞蹟，固値存疑，然聯語僅八個字，岳陽樓勝狀，盡在其中，使從未上過岳陽樓的人，亦可憑此想見名樓勝景之一、二，倘非詩仙神來之筆，誰能臻此？

我每一醉岳陽，見眼底風波，無時不作；
人皆欲吞雲夢，問胸中壘塊，何日能消？

此聯爲歐陽修所作，是我所見到的題岳陽樓楹聯中，最値得玩味的一幅，何故？在我看來，歐陽修所描寫的，與其說是岳陽樓的景象，毋寧說是當時的世態人心與社會道德，語意雙關而意在言外，此聯妙在上聯的一個醉字與下聯的一個呑字，醉是假醉，呑是眞貪。國家之治亂，社會之隆污，全繫乎此。依聯語原義：歐陽修一醉，便見眼底風波，無時不作；反過來，像歐陽修這樣的才德兼美的淸流之士，如果不醉；甚且如房玄齡、杜如晦、魏徵等之於唐初，則風波宜乎不作，縱作，亦必有所顧忌，這就是知識分子的責任，簡單的說：君子道長，小人道消則國治，君子道消，小人道長則國亂，這是千古不易的鐵則；君子小人何以別？君子以天地爲心，生民爲命，無欲而後剛直。小人以自我爲心，以萬物爲芻狗，欲呑雲夢而不知足，此所以問：胸中壘塊，何日能消？歐陽修是我見到的假醉岳陽樓的第一人，他的假醉，較范仲淹的先憂後樂，尤有深意。

呂道士太無聊，八百里洞庭，飛過來，飛過去，眞箇神仙誰在眼？
范秀才亦多事，數十年光景，什麼先，什麼後，萬家憂樂獨關心？

此聯未署作者名，岳陽樓現存懸聯舊匾中，亦無此聯，作者究竟是誰？時下已有二說：其一說爲湖南臨湘人吳獬（一八四一—一九一八）字鳳笙，又字鳳蓀，爲淸末進士，近人劉隆民編著的龍眠聯話（臺灣學生書局一九六五年出版）錄此聯爲吳獬作。其二說爲江西萍鄉人李秀峰所作，李亦淸末民初人，曾任江西督軍，持此說者爲大陸從事新聞工作人員何培金先生（一九三八年生），何培金說：經查吳獬所著「不易心堂聯語集」無此聯，遂謂此聯非吳獬所作，並指爲江西李秀峰作品。是耶非耶，有待考證，筆者認爲此聯宜爲吳獬所作，理由是筆者中學時代曾受業於臨湘吳競，字外仲，人稱外爹，係吳獬先生之哲嗣，嘗親講吳獬先生軼事，曾述及此聯確係先君子所作云，今先師吳競雖亦仙逝，然言猶在耳，記憶猶新，因此，我認爲此聯宜爲吳獬作，較可信。然無論作者是誰？此聯流傳至今，早已膾炙人口，其特色是：深入淺出而意在言外，嬉、笑、怒、罵而自創新格，堪稱楹聯中之上品。

一樓何奇？杜少陵五言絕唱，范希文兩字關情，滕子京百廢俱興，呂純陽三過必醉，詩耶？儒耶？吏耶。仙耶？前不見古人，使我愴然涕下；

諸君試看：洞庭湖南極瀟湘，揚子江北通巫峽，巴陵山西來爽氣，岳州城東道巖疆，瀦者，流者，峙者，鎭者，此中有眞意，問誰領會得來。

此聯爲雲南羅平竇垿（一八〇四—一八六五）所撰，湖南道縣何紹基書，淸光緒自修山人刊刻金字，現懸掛岳陽樓一樓之觀，此聯的特色是：上聯寫岳陽樓的史事，下聯寫岳陽樓的景象，皆淋漓盡致而天衣無縫。

樓上是仙居，一覽無涯，權借湖山供嘯傲；

此中留宦跡，萬方多難，莫教風月老英雄。

此聯爲魯蕩平（一八九五—一九七五）所作。魯先生名若衡，湖南寧鄉縣人，同盟會員，歷任縣長，教育廳長，大學校長，立法委員等職，在臺創辦湖南文獻，其詩詞才情橫溢，散見各報刊及湖南文獻各期季刊，此聯係魯氏任岳陽縣縣長（知事）時作，時年方二十五歲，是魯氏英氣風發時之佳作。

湖景依然，誰爲長醉呂仙？理亂不聞惟把酒；

昔人往矣，安得憂時范相，瘡痍滿目一登樓。

此聯現懸掛於岳陽樓第二樓的金柱上，匾有題款爲：癸酉（民國二十二年，公元一九三三年）春二月，長沙鄭家溉題。值得一提的是：鄭家溉（一八七三—一九四四）雖爲滿清遺老，卻是中華民國的大義凜然的愛國志士。他的愛國事蹟是：鄭家溉長沙人，清末癸卯（一九〇三）科進士，曾任翰林院編修，國史館協修，一九三一年九一八事變後，日本在我東北，成立僞滿洲國，擁溥儀爲兒皇帝，網羅遜清遺老，時鄭家溉仍寓北京，大漢奸鄭孝胥、郭宗熙等，多次登門拜訪，力促鄭參與僞滿組閣，鄭知事不可免，乃於一九三三年，喬裝逃離虎口，攜眷南旋，經岳陽，登岳陽樓，因題上聯；一九四四年，因堅拒日本派遣軍所委之「湖南省維持會會長」僞職，罵賊遇害，大義凜然！

武士道焉足恃哉！以侵略始，以崩潰終，看石頭城一片降幡，試問今朝誰屈膝？

原子彈何其妙也，使同盟勝，使軸心敗，受波茨坦幾條拘鎖，量無餘地再翻身。

此聯爲李毅人所作，李係湖南岳陽人，湖濱大學畢業，歷任軍職及縣長，抗戰勝利，日本向中華民國政府無條件投降，岳陽各界假岳陽樓前之地坪里舉行抗戰勝利慶祝大會，由李毅人撰此聯懸掛於岳陽樓前，以資紀念，別具時代意義，時李任岳陽縣長。

看什麼？看岳陽，看洞庭，大湖水，君山雲；看四壁琳琅，眼前廣闊，至此應慚方寸隘；
想何事？想一國，想兩利，親骨肉，好兄弟，想萬世千秋，華夏鼎盛，到頭總是一家人。

此聯爲諸葛青雲所作，按諸葛青雲，本名張建新，山西解縣人，生於南京，長於上海，時局動盪年代，隨父播遷來臺，是著名的武俠小說作者，一九九二年十二月，曾返中國大陸旅遊，並登岳陽樓覽勝，因作是聯，寄湖南日報於一九九三年一月十日發表，寥寥六十二字，道盡了海峽兩岸，全體中國人的共同心聲，對促進兩岸文化交流而言，宜有深遠而長足的影響。

岳陽樓上的今古名聯，是述說不完，析賞不完的，寫到這裡，適值「百年來中國文學學術研討會」，在臺北市盛大舉行而圓滿閉幕，誠如與會的作家學者們共同所期許：這是前所未有，劃時代的一次盛會，也將是兩岸十二億以上的全體中國人，心靈底話的共同呼應，「在邁向二十一世紀的當前，中國文學宜乎不再做苦難的掙扎，而能對中華文化乃至世界文明，做出更具體的貢獻。」（註）如何落實「百年來中國文學學術研討會」的共同期許，我相信有二點，是海內外所有的華文作家們，所不宜忽視的，那就是以十二億全體中國人的心爲心，以十二億全體中國人的語言爲語言，來創作中國文學，我們的文運前景，必無限光明，聯語是中國文學的一部分，而且是精緻的一部分，因口占一聯，為中華文學的文運前景申賀，我的聯語是：

民心何在？民心所向天心向；

文運宏開，文運其昌國運昌。

（註）：臺大教授柯慶明先生在「百年來中國文學學術研討會」閉幕式中說的話。

忙的哲學

在復興崗，令我感受最深刻的，是一個忙字，忙什麼呢？忙於充實自我，服務大衆，爲拯救自己的國家，奉獻自己的心力。這是我投入復興崗，離開復興崗，走入部隊，走進社會，四十年來，始終服膺的一種理念。這種理念，在我的心靈深處，根深蒂固，一直支持著我，使我在「人生瀚海千層浪，時代鎔爐百鍊金」的心路歷程中，終能克服苦難，戰勝橫逆。雖無所成就，但由於「忙」的緣故，我的生活，永遠是充實的，和諧的，喜悅的，而且是寵辱兩忘，成敗不計，久而久之，我漸漸領會了一些忙的道理。

忙，就是一種享受。事情是這樣的，民國四十年，我投考了政工幹校第一期本科班，兩個月入伍教育之後，創校人經國先生爲了要我們懂得如何苦兵之苦，樂兵之樂，決定讓我們下部隊當兵二個月。兩個月海防碉堡生活歸來的我，患了嚴重的風濕關節炎，有一天晚上，經國先生來查鋪，發現我不在，才知道我是患了風濕性關節炎，他對隊長說：患關節炎的學生，要多照顧，可讓其多洗洗溫泉，於是我奉特准得往北投沐溫泉浴。在一個月白風清的晚上，我沐溫泉浴後返校，經過文化街，踏進王師化行先生的寓所說：我要見處長，有重要難題，要請教！，接見我的，是師母，師母胡香棣女士，時爲女生隊的體育老師，熱誠慈惠極受女同學的敬愛，不幸積勞早逝。師母十分親切的說：眞對不起，興漢同學，處長正在開會，改天再來，好嘛？我無奈辭出，次日又往，又逢開會，仍未得見。師母親手做了點心，要我嚐嚐，師母親切的說：興漢同學，你可不可以把你要向處長講的話，先對我說說，我好轉達。我說，可以，可以，其實也不是什麼大難題，學生只是想請示處長，要如何才能夠做得好：苦兵之苦，樂兵之樂啊！這是一個難題，師母說：眞對不起！忙喲！一天到晚，你們的處長，都是忙的不亦樂乎，不是上課，就是開會，不是開會，就是講話，尤其是和同學們的個別談話，好像是談不完的，我也一樣，要給女生隊上體育課，開小組會，還要做家事，一天忙到晚，也不知道忙些什麼？但自己卻感覺得到，對我們來說：忙就是心安理得，忙就是幸福、快樂，忙就是一種享受。

忙，就是一門哲學。我從文化街王師的寓所辭出之後，一個人在路上走著，剛才師母對我說的一番話，反覆在我的心靈深處翻騰，不是嗎？「忙，就是心安理得，忙，就是幸福、快樂。忙，就是一種享受。」這些話，不是頗富哲學思想嗎？一點兒也不會錯，爲誰忙呢？爲我們多難的祖國。這是根本問題，哲學所要研究討論的問題，不就是根本問題嘛？想不到師母所說的這番話，對我所要請教處長，爲我解答，如何才能苦兵之苦，樂兵之樂的問題，一個忙字，便給我作了最好的解答，我不禁手之舞之，足之蹈之。從今而後，我願將我的一顆心，獻給多難的祖國，一意一心，爲多難的祖國而忙，像化公那樣，忙喲！一天到晚，不是上課，就是開會。不是開會，就是講話，一天又一天，忙個不亦樂乎。也不問爲什麼？只是將自己的心血，將自己一生的才能與智慧，一點一滴的，爲自己所擔任的工作，毫不保留的奉獻出來，這樣，不就是可以做得好，苦兵之苦，樂兵之樂，而不辜負經國先生對我們的期望嘛？不就可以在上下一心，三軍一體的情形下，來完成復興中華的時代任務了嘛？這就是學生時代的我底哲學觀，我把它稱之爲忙的哲學，也就是我的好老師化行先生對我的身教。事實上，我的體會是：人生的苦樂與成敗，是很難講的，忙與人生，有什麼關係嘛？我認爲忙就是認眞，凡是認眞學習或工作的人，沒有不忙的，文王囚於羑里，而演周易，孔子厄於陳蔡，而作春秋，是最懂得爲何而忙的人。懂得爲何而忙的，是幸福而快樂的，是心安理得的，不是嘛？一個人無論做甚麼，認眞的做，忙過一陣子之後，略事休息，此際，心身必同感輕鬆愉快。此種輕鬆愉快的心情，就是幸福快樂的源泉，飽食暖衣，終日無所用心的人，是無法領會的。這就是忙的哲學，敬愛的化行師，就是我們忙的典範。

化行師以過人的精力與超卓的智慧，處理大大小小的事務，與紛至沓來的困難問題，無不動中竅要，迎刃而解。他專注於工作，從無片刻閑暇；古人所說「棲棲皇皇，不暇寧處」，便是他平日生活的眞實寫照。他對忙碌的生活，甘之如飴，愈忙碌，愈有精神，從不感覺倦怠、因之，責任更重，位望更高，極峰對他的倚畀，也更爲殷切。其間，縱然也常受到別有用心人士的惡意中傷，卻能安之若素，從不自我辯解；在工作上，也從不消極退縮，李明學長（尼洛）爲化行師寫傳，用「險夷原不滯胸中」一語作爲副題，眞正說出了化行師的積極精神、寬廣襟度、與「疾風勁草」「寒霜貞木」的氣節。

憶我一期同學受教於化行師時，正是鄭思肖所說的「三宮在何處？萬姓墜愁中」的苦難時代，復興崗的子弟們，聆受化行師「從苦難中來，向苦難中去」的訓勉，奮勇前進，爲的只是想振興中華，這麼重大的責任，加在大家的身上，能夠不忙嗎？我總是這麼傻想，從那風雨飄搖的季節到現在，如果沒有前面所說的「忙的哲學」，今日台灣，能夠如此的安定繁榮麼？因寫「風雨憶良師」，作爲本文的結語。

風雨憶良師

世變本無常，人心陷溺久，一九四九年，江南忽棄守，大陸遂沉淪，悲情誰堪受？嗟予方弱冠，隻身無所有，祇緣不帝秦，乘桴浮海走。倉惶莫所之，四顧實茫茫，憂時懷舜水，乃來復興崗。

崗上群英會，數仞仰宮牆，春風蒙渥被，師恩不可量，矢志復華夏，淬礪肝膽腸，朝乾還夕惕，恨鐵不成鋼，安危相與共，甘苦誓同嘗，師生情既堅，果能振綱常，三軍聯一體，金馬固金湯，悠悠四十載，經建國力強，辛勤懷良師，師勞鬢已霜。

險夷原不計，師適巴拉圭，臨危使荒域，事猶大可爲，邦交且日固，德業賓四夷。不期遘國喪，創校人忽逝，惆悵歸無計，師生休戚同，予心亦戚戚，悲情化力量，報國誓戮力。使外既歸來，師生情益貞，春風拂萬里，惠及老門生。惜時不我予，生鬢亦非青，憂時更憂國，何日復齊城？

風雨懷良師，精神日又新，和平今有望，統一在中興，主義爲前導，有志事必成，相期贛江水，化雨利生民。仁者必有壽，壽如岡如陵。

（「風雨憶良師」一詩原刊台灣日報84.12.19副刊）

「放翁加商隱文士正情多」

——評介余興漢著夢雲詩詞／萬德群

余不知詩，亦不會塡詞，但喜翻閱口誦，固不敢「熟讀唐詩三百首，不會作詩也會吟」，而只盼自我陶醉於詩情詞境之間，作爲喜愛運動之外的另一追求。猶憶早年服務於三軍大學，主編「戰爭哲學叢書」之時，即特別搜集古今中外描述戰爭哲學之詩詞，編成一冊，作爲志士吟誦陶修之參考。

最近，承余興漢兄寄贈由黎明文化事業公司最新出版的新著：夢雲詩詞，並囑寫一書評，余興漢兄是我四十五年來常相過從之老友，雖然寫書評是一難事，但在這種情形下，我還是靜下心來誦讀圈註。寫書評也許是一件苦事，讀詩詞則是一件樂事，因爲，我感受得到：讀夢雲詩詞，恰如喫蔗，愈讀愈有味！

名作家無名氏——卜乃夫先生給夢雲詩詞寫序文時，曾經這樣說：中國政治的一大特色是：歷代不少宰相、大臣，幾乎全是偉大的詩豪、詞豪、文豪，世界上沒有任何一個國家，像中國擁有如此多的政治人物，兼爲大文豪，或名文人的。又說：詩詞無論工拙，只要虔誠嗜好、喜寫，這就是人生至上樂、亦無上雅事。余興漢的詩詞，具兩大特色：一爲愛國情操，熾熱如火，丹心可照日月；一爲兒女情深，繾綣纏綿，詩情詞意，似已穿越時光隧道，讀來令人繚繞耳際，足以怡情養性。無名氏這番話，對夢雲詩詞來說，可謂一針見血。請看：

一、山河戀（見夢雲詩詞〇五〇頁）遠託天涯秋復秋，河山未復淚難收，洞庭血浪翻新恨，嶽麓腥雲寫舊愁，縱有湖光擬西子，更無山色似杭州，傷心國破身猶在，誰與同戈復大仇。親愛的讀者，這一字一淚的山河戀，不正是你與我，我與她（他），她（他）與你的共同心聲嘛！

二、玉堂春（見夢雲詩詞詞之部一〇九頁）岳陽樓上風兼雨，杯酒狂歌無一語，滿腔離恨向誰傾，只恐柔情傾不去。洞庭血浪漫天起，從此分離爲兩處，相逢未卜在何年?只想年華留得住。

總之，在我看來，夢雲詩詞中的許多意境，正就是你我的情愫，它與我們民族的榮辱有關，與我們民族的前途有關，與我們所處的大時代的脈動，更是息息相關的，所以我說：夢 雲詩詞是時代的脈動，大衆的心聲。

梁任公詩云：

詩界千年靡靡風，兵魂銷盡國魂空；
篇中什九從軍樂，亙古男兒一放翁。

吳芳吉詩亦有：

三日不書民疾苦，文章辜負蒼生多。

讀興漢兄夢雲詩詞，最能體認今之放翁，興漢兄的「文章」是那麼「心在蒼生」。當然，加上李商隱的多情，正所以充分體現興漢兄的「文士情多」。

一位執著的詩人

汪洋萍

我們時常在書評或文評裡，看到「文如其人」這句話，卻很少看到「詩如其人」這句話在詩評中出現。是不是因爲詩的含蓄，詩的朦朧及詩的謎樣性，往往現顯不出作者的眞面目，而使讀者對作者也產生一種朦朧感呢？也許，答案是肯定的。又因欣賞詩的人，都認爲詩以含蓄與隱喻爲佳構，不尙剖白，所以「詩如其人」不是一句讚詞，也就很少在詩評裡出現了，我這麼說不知對不對？

我又發現有些爲寫詩而寫詩的人，總想在詩的語言與形式上標新立異，使人看不懂，猜不透，莫測高深而取勝，而沽名釣譽，那也就詩不如其人了。我總認爲詩是藉文字表達思想、情感與生活的一種形式與方法。無論在形式與語言上如何隨時代而變化，它的功能仍跳不出言志、抒情與敘事的範疇。因此，我讀詩總是從幾個不同的角度去欣賞，尤其要探究作者所用的詩的語言，是不是他想說的「眞話」？其中含有多少情愫？如果從這樣的角度去欣賞詩，而說某人「詩如其人」，不算是句貶詞，而且含有幾分眞摯的敬意。

我讀了余與漢先生「醉之愛」詩集，就直覺地感到「詩如其人」。我和余與漢先生只在幾次文藝活動的場合中，有數面之緣及短暫的交談，他那忠厚的外貌，木訥的言詞和誠懇的態度，使我們一見如故。在未見興漢先生之前，我在「中副」和「秋水」上先讀過他的詩作，我在心中摹擬他的形象，使我在見面時，有似曾相識之感，由此可見他的詩作的眞純了。

余先生長於古典詩詞，曾有不少作品在「中副」發表，在他新詩的作品中，仍不時流露出古典的韻味。余先生與我是同年代的人，都經過中國自古以來最大的變局，承受過國家民族最大的苦難，也懷著相同的意志與願望，因此，我讀他的作品就有一股親切感。

「醉之愛」這本詩集，共收入了三十三篇詩作，大部分都在「中副」和「秋水」發表過，就內容來說，言志、抒情、敘事兼而有之，詩篇中洋溢著熾熱的國家民族意識與豐富的情感。如「假使」那首詩的最後一段：

任天荒地老　海枯石爛
我愛你　不改變　直到永恆
啊　親愛的祖國——中華民國
你是我的道路　眞理　生命

而在「戰士之戀」中他則這樣寫著：

我愛的

不是窈窕的身影
不是甜蜜的香吻

我愛的是
蘇格拉底爲眞理獻身
耶穌釘在十字架上
永恆愉悅的精神

還有　在血泊中倒下去
卻在正義底一方站起來的

……………………

這是他心靈的語言，也是他過去歲月的腳步聲，他在槍林彈雨中，出生入死，又從死裡求生；他放下槍桿，就拿起了筆桿，來捍衛多難的國家，他把那份執著，表達在詩篇裡，像戰鼓似的振奮著人心。

在「曇花」那首詩裡，又寫得那樣溫婉與浪漫：

雖然不是哲學家

卻深深地瞭解
一瞬即永恆底眞理
…………………………
默默無語
也無非故作矜持
只是想替人間
妝點一些兒
淡淡的喜悅

我們談他「愛的形象」那首詩，就知道他爲什麼要寫詩：

駕一葉生命之舟
在人生的大海上
載理想與希望
航向你底期待的港

月已西沉
日又東上
我忙著　我總是忙著

忙於豎復仇的大旗
忙於造自由的神像
就這樣　我看見了
男孩 子長鬍鬚
女兒做了娘

余興漢先生爲他的生命而歌，是一位執著於他的理想與使命感的詩人。

醉之愛

他是政戰學校畢業，曾任政治教官多年，愛好文學，舊詩新詩均擅長，上校退伍後，更是勤寫不斷，詩和詞散見各報刊，他的詩作有一特色，大部分所表現的，均是對國家民族的濃烈感情，可說是標準的軍人本色。並有名作家夏鐵肩先生的序文。黎明文化公司出版，全省各大書店均有售。（秋水刊）

讀余興漢夢雲詩詞集感賦

⊙郭南嶠

雲在巫陽月在鄉，夢魂長繫少年場。
心花祇爲琴聲放，劍膽原因寇焰張。
不喜迎神遊廟會，非關止渴望瓊漿。
騎牛牧馬俱非幻，愜意平生第一章。

其二

柳鶯駐馬陣雲稀，返旆原爲再起飛。
武略文謨皆所習，詞章經世不相違。
風評早列名人傳，擘畫曾參制誥闈。
若說毛錐能報國，栖栖一代亦幾希。

作者小傳：

余興漢，一九二四年生。字偉先，筆名准芳子，湖南省平江縣人，曾在軍中服務有年，以陸軍上校退伍後受聘為總統府編纂，酷愛文學，其詩、詞、散文等常發表於台灣各報刊雜誌，著有「醉之愛」新詩集、「夢雲詩詞」等，其作品的特徵是；用大眾的語言，譜時代的心聲。故深受讀者喜愛。